CANAL INTEROCÉANIQUE
DE PANAMA

Commission d'études instituée par le Liquidateur

de la Compagnie universelle

RAPPORTS

VIII. — EXAMEN

DE DIVERS PROJETS PRÉSENTÉS A LA COMMISSION

EN VENTE : AU SIÈGE DE LA LIQUIDATION

46, RUE CAUMARTIN, 46

MDCCCXC

CANAL INTEROCÉANIQUE

DE PANAMA

Commission d'études instituée par le Liquidateur
de la Compagnie universelle

VIII

EXAMEN

DE DIVERS PROJETS PRÉSENTÉS A LA COMMISSION

BIBLIOTHÈQUE NATIONALE — IMPRIMÉS

EXAMEN

DE DIVERS PROJETS PRÉSENTÉS A LA COMMISSION

Un assez grand nombre de personnes ont pris la peine de soumettre au Liquidateur ou d'envoyer directement à la Commission d'études, des projets d'ensemble ou de détail, en vue de l'achèvement de la voie de communication destinée à réunir les deux Océans, de Colon à Panama. Presque toutes l'ont fait de la façon la plus désintéressée, n'ayant pour but que de contribuer au succès de l'œuvre sans y chercher un profit personnel.

La Commission a dûment examiné tous les documents qui lui ont été remis. Elle a, en outre, à nombreuses reprises, fait appel à la bonne volonté, soit des auteurs de ces communications, soit d'autres personnes plus ou moins au courant des choses de l'Isthme à divers titres, pour leur demander le développement verbal de leurs idées, l'exposé de leurs plans, des éclaircissements sur des points douteux, etc., etc. A tous ces collaborateurs elle adresse ici de sincères remerciements pour l'aide qu'ils ont bien voulu lui apporter dans l'accomplissement de la tâche difficile qui lui était confiée.

Elle croit de son devoir de consacrer une subdivision de son rapport au compte rendu descriptif et sommaire des plans et projets, d'ensemble ou partiels, qui lui ont été soumis. Il lui a paru tout d'abord que c'était une justice à rendre à ceux qui lui avaient apporté leur concours que de donner, dans les limites dont elle disposait, à toutes les propositions qui avaient été formulées, la même publicité qu'à ses propres conclusions. Beaucoup d'entre elles d'ailleurs, contenant des idées ingénieuses ou mettant en relief des côtés importants du problème à résoudre, ont fourni à la Commission de très utiles points de comparaison et ont largement contribué à l'éclairer dans ses recherches et dans la discussion du programme auquel elle s'est arrêtée. D'autre part, elle a pensé qu'il pourrait ne pas être sans intérêt pour les lecteurs du rapport d'avoir entre les mains le moyen de se faire, au moins sommairement, une idée juste des autres solutions.

PROJETS

Nous parlerons d'abord des projets d'ensemble conçus en vue de la substitution au Canal à niveau, reconnu impossible pour le moment, d'une autre voie de transport pour les navires.

On peut les grouper en quatre catégories se distinguant les unes des autres par l'idée fondamentale dont ils sont l'application :

1° Canal isolé, complètement séparé des cours d'eau qui s'écoulent par des collecteurs artificiels latéraux.

2° Canal recevant tous les cours d'eau, et, comme conséquence, création de barrages transversaux avec déversoirs.

3° Transport mécanique des navires par voie ferrée sur une certaine portion du parcours.

4° Traversée de la Culebra en tunnel.

PREMIER GROUPE

Il ne comprend à vrai dire que deux projets :

A. Celui à l'exécution duquel la Compagnie avait consacré ses derniers efforts après l'abandon du Canal à niveau. Il est exposé dans une brochure publiée par la Compagnie et que connaissent bien tous ceux qui se sont occupés de la question : *Notes techniques sur les dispositions générales adoptées pour l'ouverture du Canal en 1890 et son exploitation*. Paris 1888.

B. Celui de M. Leygues, ancien ingénieur auxiliaire des travaux de l'État. Indépendamment du dossier remis à la Commission, M. Leygues a fait connaître ses idées au public par une brochure avec plan, publiée en 1889, et intitulée : *Notice sur l'achèvement du Canal Interocéanique de Panama dans des conditions rationnelles de travaux, de déblais et de dépenses*. Il a été entendu par la Commission dans la séance du 9 novembre 1889.

A. — *Projet de la Compagnie, dit projet de Canal provisoire à écluses.*

Depuis la rédaction de la note précitée et des plans et profils qui l'accompagnaient, on a adopté ou proposé, en cours d'exécution, quelques modifications qui n'altèrent pas sensiblement l'économie générale du projet. Les traits essentiels en restent les suivants :

Canal à voie unique ; plan d'eau du bief central à la cote 49.

Cinq écluses à sas unique sur chaque versant, ayant respectivement les emplacements et hauteurs de chute ci-dessous :

				Longueur des biefs en kms.
N° 1 — de km	22,514 à 22,750 —	8 mètres		
				4,170
N° 2 — de km	36,920 à 37,156 —	8 »		
				6,459
N° 3 — de km	43,615 à 43,855 —	11 »		
				2,155
N° 4 — de km	46,010 à 46,250 —	11 »		
				3,970
N° 5 — de km	50,220 à 50,460 —	11 »		
				5,100
N° 6 — de km	55,560 à 55,800 —	11 »		
				1,100
N° 7 — de km	56,900 à 57,140 —	11 »		
				0,620
N° 8 — de km	57,760 à 58,000 —	11 »		
				1,100
N° 9 — de km	59,100 à 59,336 —	8 »		
				2,504
N° 10 — de km	61,840 à 62,800 —	8 ± 3		

La fermeture des écluses obtenue au moyen de portes en fer, à doubles parois étanches, allégées par des compartiments à air, démasquant les pertuis par un mouvement rectiligne transversal, en roulant suspendues à un pont métallique supérieur, qui, à son tour, une fois la porte logée dans son enclave, tourne sur un pivot et vient se poser sur le bajoyer.

La maçonnerie des massifs des portes faite en béton

de ciment revêtu de plaques de fonte (dispositif Eiffel).

Cinq déviations du P. R. R.[1] mesurant ensemble environ 20.500 mètres, la dernière partant au droit du kilomètre 53,200, faisant le tour par la droite du cerro Lirio pour rejoindre la ligne à 500 mètres R. G., à l'aval de la station de Paraiso.

Deux traversées du Canal par la ligne ferrée aux kilomètres 35,300 et 57,700 sur des ponts tournants.

Les cours d'eau des deux rives du versant Atlantique captés dans des biefs artificiels latéraux, encaissés dans le terrain naturel ou formés par des digues en terre, et établis en contre-haut du Canal jusqu'à San Pablo. Du côté Pacifique, le Rio Grande, le seul dont le volume d'eau mérite attention, capté au droit du kilomètre 55 et conduit par une dérivation artificielle dans la Quebrada Mallejon au bas de laquelle un premier barrage de retenue soutient les eaux à la cote 16, niveau supérieur de l'écluse n° 9; au-dessous de ce barrage, les eaux se répandant librement dans la vallée jusqu'aux ouvrages de retenue les soutenant à la cote 8, à l'amont de l'écluse n° 10.

L'alimentation du bief de partage assurée au moyen de machines élévatoires d'une force de 6.950 chevaux-vapeur prenant l'eau à la cote 27, et envoyant par seconde 16 mètres cubes à la cote 50.

La réserve nécessaire à cet effet étant constituée par un vaste bassin emmagasinant, entre les cotes 30 et 27, 30.000.000 de mètres cubes, et créé au moyen d'un

---

1. Panama Rail Road ou chemin de fer de Panama.

barrage en remblais de 400 mètres de long, de 250 mètres de largeur en crête, placé en aval de Gamboa entre le cerro Obispo et le cerro Santa Cruz et arasé à la cote 45.

Ce dispositif complété par le creusement d'un émissaire-déversoir des crues du Chagres derrière le cerro Baruco, arasé à la cote 30, et calculé de façon à débiter dans les grandes crues du Chagres un volume de 1.200 mètres cubes par seconde.

Quant à l'exploitation, elle devait se faire par convois pouvant se rencontrer et se garer aux trois seuls garages prévus, à l'aval des écluses extrêmes et dans le bief n° 3, les calculs de la Compagnie tendant à établir que le passage d'un convoi entre ces deux points extrêmes serait de 19 heures, la durée d'une éclusée de 60 minutes, et la capacité de transit de 7.500.000 tonnes.

*
* *

Il serait inutile de se livrer ici à une discussion critique des dispositions du projet dont les caractéristiques les plus saillantes viennent d'être rappelées. Cette discussion se trouve faite implicitement dans les différents rapports spéciaux où la Commission a produit les justifications de ses propositions.

Il suffira de mentionner, comme sources d'objections graves à faire à ce projet, les quelques points suivants :

Le défaut de longueur de certains biefs, aggravé par le fait qu'ils sont établis en courbe, y rendrait les manœuvres fort difficiles ; de plus, les éclusées y produiraient des dénivellations et des appels d'eau dont les conséquences ne paraissent pas avoir été suffisamment appréciées.

Les sas sont uniques, les garages en nombre insuffisant; la durée d'un sassement est comptée trop courte, tandis que le tonnage par éclusée est compté très élevé. La capacité de trafic ne serait donc très probablement pas celle sur laquelle on a compté.

Le système d'écluses ne serait certainement pas inapplicable : mais le dispositif des portes oblige, surtout dans le cas de sas doubles accolés, à un grand élargissement de l'emprise de maçonneries des têtes ; la construction des têtes en béton revêtu de fonte est, d'autre part, un procédé qui aurait besoin d'être sanctionné par l'expérience avant d'être appliqué dans l'Isthme. Réussirait-on à créer un barrage à Gamboa en jetant simplement des déblais en wagon en travers du lit de la rivière? Cela est fort douteux.

En ce qui concerne les dérivations R. G., il a été reconnu par la Délégation que les projets en avaient été établis sur des données inexactes : elles ne débiteraient pas la quantité qu'on entend leur livrer, et cette quantité serait vraisemblablement dépassée. Est-il possible, dans de pareilles conditions, de les mettre en contre-haut du Canal sur plus de vingt kilomètres?

L'alimentation par machines ne doit pas être considérée comme irréalisable, mais elle n'offre assurément pas la sécurité d'une alimentation directe.

Le Canal enfin serait deux fois traversé par le P. R. R. ; la sujétion qui en résulterait à tour de rôle pour l'une et l'autre circulation amènerait souvent un trouble excessif dans les deux exploitations.

B. — Projet Leygues.

Le projet que M. Leygues a fait remettre au Liquidateur au mois de juillet et qu'il a exposé et complété devant la Commission au mois de novembre est, sur la plus grande partie de son tracé, très analogue au projet précédent : il en utilise à peu près tous les travaux faits, et cela à dessein, dans un but d'économie.

Il s'en distingue surtout par les traits suivants :

Après en avoir admis les deux premières écluses et s'être élevé à la cote 16 (côté Atlantique), il monte au niveau 61, du bief de partage, par deux ascenseurs conjugués dont le dispositif n'est pas suffisamment détaillé. Quoi qu'il en soit, en *quatre* opérations le navire flottant est porté successivement aux niveaux 27,75 — 36,00 — 48,50 et 61. Il redescend du côté Pacifique aux niveaux successifs 46,00 — 31,00 — 16,00 et 1,00 par deux autres ascenseurs conjugués, en quatre opérations, et entre dans le Canal à niveau par une écluse de marée établie à Corozal.

Il résulte de ce dispositif une économie considérable de terrassement, puisque la tranchée de la Culebra ne serait plus qu'à la cote 52,75 (avec une profondeur d'eau admise de $8^m,25$, sans plus). Cette diminution influe directement sur la durée des travaux, qui, selon l'auteur, serait réduite à trois ans.

M. Leygues établit également un barrage en remblais à Gamboa. Mais il lui donne 50 mètres en crête, et l'arase à la cote 36, avec 5 mètres de revanche au-dessus des plus grandes crues. La différence maxima de niveau entre l'amont et l'aval n'est que de 15 mètres. Il maintient le déversoir du Baruco, mais à la cote 20, et lui donne, par étranglement ou autrement, un débit maximum de 900 mètres cubes seulement par seconde.

Il renonce aux portes roulantes et leur préfère des portes tournantes allégées par des caisses à air.

Dans les ascenseurs il admet une vitesse de $0^m,04$ par seconde et montre par ses calculs que la succession des bateaux ne pourra se faire dans le Canal qu'à des intervalles de 1 heure et demie; la dépense d'eau par ascenseur et par opération se réduit à 5.600 mètres cubes.

L'alimentation en serait assurée par les eaux de l'Obispo et du Rio Grande; l'insuffisance, s'il y en avait une, ne serait que de courte durée. L'alimentation des écluses du côté Atlantique se ferait au moyen des eaux du Chagres.

L'estimation totale de l'exécution avec charges financières n'atteindrait, suivant l'auteur, que 600.000.000, et la capacité de trafic serait de 8.000.000 de tonnes.

*
* *

M. Leygues a été séduit, comme l'avait été Boyer avant lui, par l'application des ascenseurs hydrauliques. Il y trouvait la suppression des difficultés d'alimentation et une énorme économie. Les difficultés supprimées se trouvèrent malheureusement remplacées par d'autres. Les résultats du fonctionnement des ascenseurs d'Anderton, des Fontinettes et de La Louvière, où l'on élève, au moyen d'un seul piston, des bateaux de 60, 300 et 360 tonneaux à des hauteurs respectives de 15^m, 13^m,13 et 15^m,40, fournissent d'assez médiocres termes de comparaison pour l'étude d'ascenseurs destinés à des bateaux de 7.000 à 8.000 tonneaux, soulevés à des hauteurs de 12 et 15 mètres. Le rapport du poids utile au poids mort, les conditions d'équilibre, de régularité de mouvement, de rigidité des appareils, de fatigue des métaux, etc., changent tellement, quand l'échelle change à ce degré, que la caractéristique dominante du projet, ce qu'on en pourrait appeler la raison d'être, s'en est trouvée devenir l'obstacle insurmontable. Aucun constructeur ne s'est senti en état de garantir le fonctionnement de pareils mécanismes. A vrai dire le projet peut être considéré comme abandonné, ce qui nous dispense d'entrer dans une plus longue discussion.

DEUXIÈME GROUPE

La Commission a reçu communication de sept projets procédant du principe d'emmagasinement des eaux du Chagres au moyen de barrages transversaux.

C. Projet présenté par M. Sautereau ; il est appuyé d'un dossier ainsi composé :

1° Une brochure intitulée : *Examen comparatif des divers projets de canaux interocéaniques par l'Isthme de Darien et le lac de Nicaragua,* par MM. Pouchet et Sautereau, ingénieurs civils. Bourges 1876.

Les auteurs concluent à l'adoption du tracé du Nicaragua.

2° Une autre brochure intitulée : *Écluse à grande dénivellation, système Pouchet et Sautereau, — G. Eiffel et Cie constructeurs privilégiés.* Paris 1879, avec dédicace à M. de Lesseps et 5 planches, le tout en vue de l'application au canal du Nicaragua.

3° Une troisième brochure, adressée le 2 février 1889 à M. de Lesseps, et intitulée : *Le Canal de Panama transformé en lac intérieur : nouveau projet proposé par G. Sautereau, ingénieur, ancien collaborateur de M. F. de Lesseps à la Compagnie du Canal maritime de Suez, et réalisable pour quatre cents millions de francs.* Paris le 1er janvier 1889, avec 5 planches et la vue panoramique de l'écluse Christophe-Colomb.

4° Un dossier du 18 juin contenant 20 pièces (mémoires et dessins), relatives à l'exécution d'un projet à deux écluses à double sas à grande dénivellation (25 mètres de chute), une pièce relative à un projet à quatre écluses à grande dénivellation (14 à 15 mètres) et quatre pièces relatives à un projet à cinq écluses.

5° Le 12 octobre M. Sautereau envoie à la Commission cinq dessins descriptifs d'une écluse à grande dénivellation (28^{m}) à double sas.

6° Le 8 novembre il adresse au président de la Commission un mémoire de considérations générales.

7° Le 18 novembre il envoie son *Rapport général sur son projet à deux écluses* (28^{m}).

8° Le 14 mars 1890 il modifie l'emplacement de sa

première écluse et présente deux différents profils de barrages (4 pièces).

9° Le 28 mars il modifie l'emplacement de sa deuxième écluse (1 pièce).

10° Le 1ᵉʳ mai il communique à la Commission une courte note sur l'alimentation du Canal.

11° Enfin le 3 mai il fait remettre à la Commission un ensemble de 15 documents (dessins et notes), constituant le projet détaillé d'exécution d'une écluse de 28 mètres de chute, projet dressé par la maison Daydé et Pillet.

En outre M. Sautereau a été entendu par la Commission aux dates des 4 décembre 1889 et 3 mai 1890, accompagné la première fois par M. Daydé.

D. Projet de M. le colonel Rives, directeur général du chemin de fer de Panama, ancien élève étranger de l'École des ponts et chaussées de Paris.

Il a adressé au Liquidateur et remis à la Délégation un mémoire intitulé : *Projet d'achèvement du Canal Interocéanique de Panama avec estimation de la dépense.*

A ce mémoire sont joints des détails estimatifs sommaires, six dessins précisant les vues de l'auteur, et une note spéciale avec dessin à l'appui au sujet d'un système d'estacade à remblais. L'auteur a d'ailleurs, dans l'Isthme, exposé ses idées aux membres de la Délégation.

E. Projet très sommaire de M. Dauvergne, entrepreneur de travaux publics, exposé dans une note de 7 pages, un croquis et deux profils de barrages.

F. Projet de M. Blanleuil, ingénieur civil. L'auteur a

remis un mémoire autographié (30 pages), intitulé : *Exposé d'un projet d'achèvement du Canal maritime de Panama*. M. Blanleuil a été entendu par la Commission le 23 novembre 1889.

G. Projet de M. Blanchet. Le dossier remis à la Commission consiste en un long mémoire manuscrit, daté de septembre 1887, et intitulé : *Un canal à écluses est-il économiquement possible à Panama ? Peut-il être pratique commercialement ?* Six feuilles de dessins y sont annexées, plus quelques pièces imprimées relatives au Canal du Nicaragua. M. Blanchet a été entendu par la Commission les 8 et 29 janvier 1890.

H. Projet de M. Fourmont. Cet auteur a fait remettre le 31 octobre à la Commission un dossier de huit documents (mémoires, dessins, notes financières et juridiques) se rapportant à son *Projet de* 1889. Les 22 et 28 mars 1889 et les 8 et 11 avril 1890, il a complété ses premières énonciations par l'envoi de dessins et notes. Il avait d'ailleurs été entendu par la Commission le 14 décembre 1889.

I. Projet de M. Laulanie, ancien chef du 3ᵉ Bureau technique de la Compagnie du Canal. L'auteur a exposé ses idées dans une brochure : *L'achèvement du Canal de Panama,* portant la date du 3 février 1889. La Commission l'a entendu dans sa séance du 30 novembre 1889.

C. — Projet Sautereau.

De tous les projets, celui dont la formule, sinon l'exécution et l'exploitation, est la plus simple est à coup sûr le projet de M. Sautereau : Un lac formant bief unique supérieur, obtenu au moyen de barrages de retenue traversant chacune des deux vallées, et une seule écluse de chaque côté, rachetant en une seule fois la différence de niveau. Disons tout de suite que, sur ce second point, l'auteur a admis la possibilité de diviser la chute en deux ; mais ses préférences sont sans conteste pour le premier dispositif.

De ces deux idées, il revendique la dernière comme lui appartenant en commun avec son collaborateur, M. Pouchet, ainsi que tendent à l'établir les deux premiers documents de son dossier ; la première a été empruntée par lui à M. Godin de Lépinay, ingénieur en chef des ponts et chaussées, qui l'avait mise en avant au Congrès de 1879, où elle reçut un accueil très favorable et fut acceptée par MM. Wyse et Reclus comme modification de leur projet[1].

Pour se rendre un compte exact du projet de M. Sautereau, il faut laisser de côté les variations de détail qu'ont subies ses idées, et ne s'arrêter qu'à sa formule définitive dont on trouve l'expression dans son mémoire du 8 novembre 1889, dans son Rapport général du 18 novembre et dans sa déposition du 4 décembre.

En voici le résumé :

Les eaux sont retenues à la cote minima 25, et peuvent s'élever jusqu'à 28, au moyen d'un barrage établi à San Pablo, du côté Atlantique ; du côté Pacifique, c'est le massif même de l'écluse établie au kilo-

---

1. Voir le compte rendu des séances du Congrès international d'études du Canal Interocéanique de 1879, pages 297 et 420.

mètre 58,240, en aval de Paraiso, qui ferme la vallée.

Ces barrages sont accompagnés de déversoirs : un de 100 mètres de long derrière le cerro Paraiso, et un de 250 mètres de long, de chaque côté de l'écluse, à San Pablo. Depuis son retour de l'Isthme l'auteur a reconnu que les barrages devaient être en maçonnerie : il hésite entre deux types.

Dans chaque barrage une écluse à double sas de 28 mètres de chute, exigeant l'emploi de 700.000 mètres cubes de maçonnerie, débitant par éclusée 130.000 mètres cubes d'eau que l'on peut réduire à moitié quand le service permet de mettre les deux sas en communication.

Les portes sont à mouvement parallèle, allégées par des caisses à air.

L'auteur discute l'alimentation en admettant 1.200 mètres cubes par seconde comme le débit maximum du Chagres, une évaporation de 7 millimètres par jour, et une surface noyée de 1.800 hectares, avec un passage de 15 navires par jour et par écluse ; il admet la possibilité d'un ouvrage régulateur des crues, par étranglement, à Juan Mina, mais sans le faire entrer dans ses calculs. Les 54.000.000 de mètres cubes emmagasinés entre les cotes 25 et 28 et la manœuvre des vannes mobiles au-dessus des déversoirs lui procurent une garantie suffisante pour les besoins de l'alimentation et de l'évacuation des crues.

Il adopte pour la section du Canal les dimensions suivantes : 25 mètres au plafond, 9 mètres de profondeur, 50 mètres à la flottaison.

Son détail estimatif monte à 46.000.000 de mètres cubes de terrassements qu'il décompose en 30.000.000 de terre d'alluvion, 6.000.000 de roches plus dures, 4.500.000 de roches tendres et 5.230.000 de roches dures, auxquelles il affecte les prix respectifs de 3, 4, 6 et 12 francs — son devis total monte à 435.000.000 (auxquels il ajoute une somme à valoir de 65.000.000) *pour les travaux seulement*. — La durée d'exécution serait de 4 à 5 ans. Mais il ne s'explique pas d'une façon nette sur le procédé à employer pour l'enlèvement des déblais de la Culebra et d'Emperador : ses préférences se portent successivement sur le procédé Duponchel, les appareils Vernaudon, le terrassier de Villepigue, et le terrassement à la drague après creusement au wagon d'une étroite cunette et remplissage du lac.

Il admet que le passage dans une écluse ne doit pas durer plus d'une heure, le remplissage ou la vidange s'opérant en 30 minutes. La capacité de trafic du Canal serait donc au moins de 40 navires en 24 heures.

Quant au chemin de fer, il sera légèrement dévié pour venir traverser le Canal, en passant sur des ponts établis sur la crête des déversoirs, et en empruntant les ponts qui supportent les portes des écluses.

*
* *

C'est très probablement à sa simplicité apparente que ce projet a dû la faveur dont il a été l'objet.

A l'examen, des objections graves se sont présentées,

des doutes se sont produits, des inexactitudes impor-
tantes ont été relevées, et l'équilibre du projet en a été
détruit.

Il suffira de mentionner les points suivants :

Il existe une incertitude sérieuse sur le fonctionnement de portes d'écluses de 39 mètres de hauteur sur
26 de large, et presque au même degré sur celui des
portes de 25 à 27 mètres de hauteur du projet à 4 écluses.
En risquer l'expérience justement au Canal de Panama,
et dans les circonstances critiques où se trouve l'affaire,
constituerait certainement une très grande imprudence.

Des dérivations, sur lesquelles l'auteur ne donne pas
d'indications, devront subsister et fonctionner dans les
conditions d'insuffisance et d'insécurité ci-dessus signa-
lées entre le barrage et Bohio, sur 13 kilomètres.

Le remplissage de l'écluse en 30 minutes correspond
à une ascension de 15,5 millimètres par seconde, ou
de $0^m,93$ par minute. Les motifs qui ne permettent pas
d'admettre ces nombres ont été exposés dans un rapport
précédent, où le temps de 64 minutes a été établi comme
un minimum, le temps total d'une éclusée ne pouvant
être inférieur à trois heures.

Ces données fondées sur l'expérience étant acquises,
la capacité de transit d'une écluse, à double sas, de
28 mètres n'est plus que de 4 millions de tonneaux (voir
rapport n° II p. 52).

L'auteur a établi son devis sur des données inexactes
en ce qui concerne les terrassements : il est vrai que ses
calculs étaient faits avant son voyage dans l'Isthme.

Ainsi il admet que, du kilomètre 22 au kilomètre 35,500 où est placé son barrage, le sol est composé de « terres d'alluvion ». La Délégation a constaté l'existence de roches impossibles à draguer sur une notable partie de ce parcours. De même encore, dans la grande tranchée, il admet l'existence de 14.581.000 mètres cubes de la catégorie la plus facile, de « terre à draguer », et celle de 3.515.000 de déblais de la seconde catégorie. Tous les renseignements recueillis concordent à faire penser que les déblais d'Emperador et de la Culebra, à enlever désormais, devront être classés en moyenne au-dessus de la seconde catégorie.

De ces deux chefs, il y aurait à faire au devis une sérieuse rectification. Cette rectification devient bien plus importante, si l'on ramène à leur vraie valeur les prix élémentaires adoptés par M. Sautereau : la différence dépasse 100 millions.

La traversée du Canal par le chemin de fer « supprime, dit M. Sautereau, toute entrave à la navigation ». Cette énonciation ne pourrait être vraie qu'à la condition que le service du chemin de fer fût à la merci de celui des écluses : il est plus que difficile de se figurer une pareille subordination.

Enfin, en ce qui concerne le délai d'exécution, l'auteur paraît s'être fait de grandes illusions. Il n'est pas possible de discuter ses calculs dont il ne fournit pas la décomposition ; mais il est évident qu'il ne peut espérer en cinq ans creuser la tranchée de la Culebra jusqu'à la cote 16,50, avec un profil plus large et plus évasé que celui sur lequel la Commission a fait ses calculs, alors qu'il faut, avec ce dernier, sept ans pleins pour atteindre la cote 25,50.

D. — *Projet Rives.*

Comme le précédent, ce projet admet un seul lac central, régulateur des crues (ayant une surface de 5.120 hectares) et obtenu par la création de deux barrages, l'un à Bohio Soldado, l'autre à Paraiso. Le niveau normal de l'eau serait à la cote 30 avec 2 mètres de jeu en dessus. On aurait donc 22 kilomètres de chenal dans le lac et 8 kilomètres en tranchée avec un tirant d'eau de 9 mètres.

La communication du lac avec le niveau de la mer est établie au moyen de six écluses à double sas :

La première au kilomètre 22,500, chute 8 mètres.

Les 2ᵉ et 3ᵉ en échelons dans la butte de Bohio, kilomètre 24; toutes deux de 11 mètres.

La 4ᵉ au kilomètre 58 (Paraïso), 11 mètres.

La 5ᵉ au kilomètre 59,5 (Pedro Miguel), 11 mètres.

La 6ᵉ au kilomètre 62 (Miraflores), 8 mètres ± 3.

Le chemin de fer ne traverse plus le Canal; on raccorde les deux tronçons des extrémités par 38 kilomètres nouveaux sur la R. G. du canal, entre Ahorca Lagarto et Cucaracha.

La longueur totale en crête des deux barrages limitant le lac à Bohio serait d'environ 800 mètres. Celui de Paraiso serait de très peu d'importance.

La quantité de terrassements à faire entre le lac et l'écluse n° 4, sur 11 kilomètres 800, est de 20 millions de mètres cubes.

Le montant des expropriations s'élève à 3.324.000 fr.

Le devis total est de 360 millions pour travaux et expropriations, portés à 500 pour frais généraux, intérêts, etc.

****

Il est à regretter que le dossier de M. le colonel Rives soit un peu sommaire, ce qui ne permet pas d'en bien apprécier tous les éléments.

Quoi qu'il en soit, les objections qu'on peut y faire sont les suivantes :

Les biefs 1-2, 4-5 et 5-6 sont très courts : 1.200 mètres, 1.500 mètres, 2.500 mètres. L'auteur l'a bien remarqué, et leur a donné double largeur pour en atténuer les inconvénients. Nous pensons que, malgré cela, les bateaux préféreraient une échelle d'écluses afin de s'épargner les sujétions des biefs trop courts.

L'auteur ne s'explique pas sur la manière dont il compte recevoir l'Obispo dans le lac, et ne prévoit aucune dépense de ce chef.

Il admet pour le cube total des fouilles $29.113.000^{m3}$; il est vrai de dire qu'il ne prévoit ni garages ni bassins d'entrée ; néanmoins il y a un bien grand écart entre ce nombre et celui de $42.000.000^{m3}$, que la Commission a fait établir sur des données qui paraissent certaines ; d'autant que le plafond du bief supérieur est pour elle à la cote 25,50, tandis qu'il est à la cote 21 pour le colonel Rives. Il y a évidemment là une insuffisance d'évaluation de la part de l'auteur du projet.

La décomposition de ses prix n'étant pas poussée très loin, il n'est pas possible de savoir ce qu'il admet pour le cube à enlever dans la Culebra proprement dite. Les calculs de la Commission lui ont fourni les nombres respectifs de 7.300.000 et 8.350.000 pour les cubes restant à faire à Emperador et à la Culebra : ensemble 15.650.000. Ce dernier total est de 20.000.000 dans le projet Rives. Un calcul proportionnel grossièrement approximatif conduirait à 10.800.000 pour la Culebra seule, ce qui démontre suffisamment l'impossibilité d'achever le travail en cinq ans. Il en faudrait au moins neuf. On dépasserait donc les délais du décret de concession. La Commission a toujours pensé que, étant donnée la situation actuelle, l'adoption d'un plan d'exécution entraînant cette conséquence présentait des risques dangereux.

On a bien aussi objecté à ce projet que l'extension de la surface du lac dans les vallées latérales, à la cote 30, allait atteindre des portions de territoire dont on n'avait ni plan ni nivellement, et que l'on trouverait peut-être des cols, par lesquels l'eau s'écoulerait à une cote inférieure. Mais, si le fait se réalisait, on peut considérer comme certain qu'il n'aurait en tout cas pas très grande importance, et que des ouvrages très peu coûteux en viendraient à bout.

Nous devons encore mentionner un article du devis qui paraît pécher par insuffisance : c'est celui des expropriations. L'auteur les évalue à 3.324.500 francs. Sur la demande de la Délégation, un relevé aussi soigné que possible a été fait dans les bureaux de la Compagnie. En appliquant aux quantités trouvées des prix qui ne diffèrent pas beaucoup de ceux que le colonel Rives a lui-même appliqués, on est arrivé au total de 16 millions de francs. Cet énorme écart doit être attribué à l'état vraisemblablement incomplet des renseignements de l'auteur.

E. — *Projet Dauvergne*.

Ce projet ne peut donner lieu qu'à une très courte mention. L'auteur lui-même intitule sa notice : *Idées sur un barrage permettant de transformer le Canal de Panama en lac intérieur*. Il ne produit en effet aucune étude, aucun devis. Il porte le niveau de l'eau à la cote 32, place un premier barrage à Bohio, et le second en un point à déterminer sur le versant Pacifique.

En somme, il a vécu et travaillé dans l'Isthme ; il en a rapporté des idées justes sur beaucoup de points, et une formule générale dont les deux précédents auteurs ont développé l'application chacun à sa façon. Mais c'est un projet embryonnaire, ne pouvant par conséquent être soumis à discussion.

F. — *Projet Blanleuil*.

L'auteur, qui a été dans l'Isthme à deux reprises, connaît évidemment toutes les difficultés de l'entreprise d'achèvement du Canal. Voici les grands traits de la solution qu'il propose pour les surmonter.

Il adopte dix écluses à sas unique, dont les emplace-

ments, chutes et espacements sont inscrits au tableau
suivant :

							Longueur des biefs en k^{ms}.
N° 1	—	k^m 22,750	—	8 mètres		_____	12,810
N° 2	—	k^m 35,800	—	8	»	_____	1,116
N° 3	—	k^m 37,156	—	11	»	_____	8,854
N° 4	—	k^m 46,250	—	11	»	_____	3,970
N° 5	—	k^m 50,460	—	11	»	_____	4,860
N° 6	—	k^m 55,560	—	11	»	_____	1,100
N° 7	—	k^m 56,900	—	11	»	_____	0,650
N° 8	—	k^m 57,790	—	11	»	_____	1,070
N° 9	—	k^m 59,100	—	8	»	_____	2,500
N° 10	—	k^m 61,840	—	11	»		

Le plan d'eau du bief supérieur est donc à la cote 49
et le plafond à la cote 40,75.

Il établit un premier barrage au kilomètre 35,700,
c'est-à-dire à la deuxième écluse, puis un second au
kilomètre 37, à la troisième écluse, créant ainsi deux
lacs aux niveaux respectifs de 16 et 27 mètres.

Un troisième barrage est établi à Gamboa, montant
jusqu'à la cote 55, avec déversoir à la cote 50 par la
tranchée du cerro Baruco ; avec ces cotes ce barrage
devient régulateur des crues.

Un ouvrage de même nature serait fait à Cucaracha,
ayant son pied à la cote 49 pour retenir et emmagasiner
les eaux du Rio Grande. On créerait ainsi une réserve
d'alimentation pour le cas où quelque accident arrive-
rait à la rigole d'amenée des eaux du Chagres.

On ferait pour l'Obispo quelque chose d'analogue ;
il serait d'abord recueilli dans une rigole latérale, du
kilomètre 53 jusqu'au kilomètre 49, c'est-à-dire à Las

Cascadas, où on lui ménagerait sur la R. G., au moyen d'une digue de retenue, un grand réservoir qui prendrait ses eaux et celles du Sardinilla, et débiterait son trop-plein, comme celui de Cucaracha, au moyen de vannes.

Tous ces barrages seraient construits en remblais.

La largeur du plafond du Canal est portée à 25 mètres; les talus varient avec la nature du sol. Des garages sont établis aux deux extrémités et aux abords des écluses.

Le trop-plein du premier lac inférieur (cote 16) s'écoulerait par un déversoir dans la dérivation R. D. qui serait achevée jusqu'au Chagres, mais élargie à 40 mètres avec son plafond descendu jusqu'à la cote du fond du lit du fleuve.

Le P. R. R. traverserait le Canal sur des ponts tournants, et subirait de légères déviations pour échapper à l'inondation.

M. Blanleuil estime la durée des travaux à cinq ans, et la dépense à 500 millions, mais, non compris le service des intérêts et frais financiers.

*
* *

Ce projet ne présente plus la simplicité apparente des deux premiers. L'auteur a abordé toutes les difficultés qui se sont présentées à son esprit et en a cherché la solution ; mais il en a négligé quelques-unes qu'il n'a pas entrevues.

La Commission a déjà énoncé sa manière de voir sur la création de l'immense réservoir de Gamboa ; elle estime qu'il vaut mieux ne pas placer les ouvrages de retenue des eaux à la plus grande altitude possible. Elle est surtout convaincue qu'il est tout à fait dangereux de les construire en remblais, à supposer qu'on pût les exécuter, ce qui est loin d'être démontré, surtout pour celui de Gamboa.

Il faut remarquer d'ailleurs que la dérivation du Baruco est creusée aujourd'hui jusqu'à la cote 36, et qu'il faudrait la recombler de 14 mètres.

En ce qui concerne la voie navigable proprement dite, il serait difficile de se passer d'au moins un garage sur les 22 premiers kilomètres, et il y aurait certainement économie bien entendue à faire tout de suite les doubles sas, utiles, même dès le début, à la sécurité du trafic : mais l'objection capitale sous ce rapport est tirée du défaut de longueur des biefs ; nous l'avons déjà rencontrée dans le projet à dix écluses de la Compagnie.

Les dérivations sont forcément maintenues en amont de Bohio ; celle de la rive droite en aval est destinée à évacuer les eaux du Chagres. L'auteur ne donne aucun détail sur la largeur et le débit de ses déversoirs, et par conséquent ne fournit pas le moyen d'apprécier la capacité de sa dérivation : il prévoit qu'elle peut être insuffisante puisqu'il en admet la mise en communication avec le bief du Canal dans certaines crues.

Enfin le chemin de fer traverse deux fois le Canal sur des ponts tournants.

L'état tout à fait sommaire de son « évaluation approximative » des dépenses n'en permet pas la discussion. La seule remarque à faire à ce sujet est qu'il arrive précisément aussi au total déjà rencontré de 500 millions pour lequel semble exister une sorte d'attraction.

G. — *Projet Blanchet.*

M. Blanchet est l'un des premiers qui se soient occupés de la création d'un canal interocéanique ; ses préférences avaient d'abord été, dit-il, pour le tracé par le Nicaragua, tracé en vue duquel il avait étudié lui-même, et fait étudier par MM. Pouchet et Sautereau, le système d'écluses à grande dénivellation auquel il a renoncé, le considérant comme impraticable [1].

Bien des circonstances, et notamment l'avancement des travaux du Canal de Panama, sont venues modifier ses idées premières. Il s'est donc appliqué, avec la connaissance qu'il a des pays du Centre-Amérique, à étudier un projet de canal à écluses pour ce tracé.

Malheureusement les documents dont disposait M. Blanchet en 1887 (date de son mémoire) étaient incomplets et insuffisants : il le reconnaît lui-même, et déplore tout le premier le défaut de précision qui en résulte dans une partie de ses conclusions. Ajoutons à cela que les travaux ont marché depuis septembre 1887 et ont modifié l'état du terrain.

Voici les traits caractéristiques de son projet amendé dans sa déposition du 8 janvier:

Un barrage entre les collines de Miraflores, près

---

1. Voir le compte rendu des séances du Congrès de 1879, p. 106.

Gatun, au kilomètre 10, relevant les eaux à la cote 9, avec une écluse.

Un second barrage à Bohio Soldado, relevant les eaux à la cote 27 avec une échelle de deux écluses.

Un troisième barrage à Baïla Monos, kilomètre 37, relevant les eaux à la cote 36, et une écluse.

Une écluse dans les parages de Las Cascadas, kilomètre 48, pour gagner le niveau du bief de partage à la cote 45.

Un barrage à Gamboa, relevant le plan des eaux du haut Chagres à la cote 46, avec déversoir par le Baruco à cette cote, et alimentant le bief de partage par une rigole de 3 kilomètres.

La descente sur le Pacifique s'opérerait par une retenue avec écluse au kilomètre 55,750, et cinq barrages éclusés, à peu près équidistants, échelonnés entre ce point et la plaine basse, laissant entre eux des biefs d'environ 1.600 mètres.

Dans la grande tranchée le plafond du Canal serait à la cote 36,50 et aurait 50 mètres de large ; les navires pourraient s'y croiser.

Tous ces barrages seraient, bien entendu, avec déversoirs placés loin des écluses ; ils seraient construits en remblais, avec une âme étanche en bois ayant des enracinements en maçonnerie au besoin, pour pouvoir disposer, en forme de voûte bombée vers l'amont, les cours de bois équarris verticaux. L'auteur entre dans des détails assez étendus sur le mode de construction de ce dispositif.

Les écluses sont à un seul sas.

Le chemin de fer est tout entier reporté sur la rive gauche du Canal. L'auteur ajoute à l'exposé de ses idées une description d'un système de portes d'écluses en bois et de drague puissante, tous deux de son invention.

*
* *

Ce système d'achèvement du canal à écluses donne lieu à des objections dont un grand nombre ont déjà été présentées ; en voici le très bref résumé :

Il est tout d'abord assez douteux que l'on puisse créer à Miraflores, près Gatun, une retenue d'eau de 9 mètres. Les documents actuels ne permettent pas de savoir si le terrain à droite et à gauche du barrage projeté s'élève à cette cote. Les impressions recueillies sur place par la Délégation la porteraient à admettre le contraire : ce serait un premier point à vérifier.

Il est juste d'ajouter que cette éventualité n'a pas échappé à M. Blanchet, qui a prévu en ce cas que l'on ferait trois écluses au lieu de deux à Bohio.

La dérivation du Baruco est aujourd'hui à la cote 36.

Les biefs de 1.600 mètres doivent, sauf le cas de nécessité, être rejetés comme trop courts.

L'élargissement à 50 mètres du plafond du Canal dans la grande tranchée en augmenterait le cube de plus de 4.000.000 de mètres cubes.

Les écluses à un seul sas ne suffiraient plus au trafic au bout d'un temps très court.

Enfin des barrages en remblais, même avec une âme

étanche en bois, ne paraissent pas à la Commission offrir la sécurité indispensable à des travaux de cette nature. Il y aurait beaucoup à dire d'ailleurs sur le mode d'exécution proposé par l'auteur.

Le barrage de Gamboa particulièrement ne pourrait certainement pas se construire par la méthode qu'il indique et offrirait les dangers déjà signalés; d'autre part, avec les cotes adoptées, il ne serait pas régulateur et perdrait une de ses raisons d'être.

H. — Projet Fourmont.

M. Fourmont a présenté à la Commission un intéressant historique comparatif des critiques que lui a suggérées l'exécution des travaux en 1883, 1887 et 1889. C'est dans ce qu'il intitule *Idées de 1889* qu'il faut chercher son système définitif.

Il propose une première retenue d'eau à la cote 10, aux buttes du Mindi, avec une écluse ;

Un second barrage relevant le plan d'eau à la cote 30 à Bohio Soldado, avec deux écluses ;

Un troisième barrage relevant le plan d'eau à la cote minima 60 (maxima 63) à Mameï, avec trois écluses ;

Une échelle de trois écluses à Cucaracha, une écluse à Paraiso, une à Miraflores, une à la Boca, formant ensemble la série descendante.

On se rend compte, à première vue, qu'à un dispositif aussi spécial doivent correspondre des caractéristiques d'exécution non moins spéciales. En laissant de côté celles qui peuvent n'avoir qu'une importance de second ordre, et des détails dont l'auteur lui-même ajourne l'étude, voici les données fondamentales de son système.

Le chemin de fer est supprimé, tout au moins pendant les trois ans que doit durer l'exécution.

Les sas des écluses sont métalliques, y compris le radier, lequel repose, soit sur le sol dérasé, soit sur des têtes de pieux, si le sol n'est pas assez consistant. Les têtes des pieux sont encastrées dans une couche de béton et la tôle de fond est clouée sur la tête des pieux.

Les bajoyers sont armés de charpentes en métal noyées dans du béton.

Les barrages sont, comme les bajoyers, à structure métallique. Ce sont des caissons prismatiques trapézoïdaux en tôle, à armature intérieure en fer. Le fond de ce prisme est en tôle, cloué comme les radiers sur des têtes de pieux noyées dans 50 centimètres de béton : comme pour les écluses, deux files de pieux sont doubles et les pieux en sont jointifs, afin de parer aux infiltrations. En haut, la petite face du prisme est ouverte et sert au chargement du caisson au moyen de remblais.

La stabilité du barrage n'étant pas assurée par son propre poids, elle est complétée par « des ancrages » placés à l'amont. Ce sont des tirants en fer, rivés d'un bout à la face amont, et allant se clouer par l'autre bout sur les têtes de pieux ou de groupes de pieux, battus à 50 ou 60 mètres en amont.

* *

Les deux caractéristiques précitées, que l'auteur lui-même appelle les « principes » de son système, sont précisément ce qui en rend l'application tout à fait impossible.

Supprimer le chemin de fer est si évidemment irréalisable, qu'il suffit d'en énoncer l'impossibilité. La Colombie ne le tolérerait pas d'ailleurs, et cela suffit à faire écarter l'hypothèse.

Quant aux ouvrages d'art, la discussion serait possible à la rigueur sur la question de construction de sas métalliques à titre exceptionnel ; mais la Commission se refuse à admettre qu'un ouvrage tel qu'un barrage, dont la destruction entraînerait d'irréparables désastres, puisse devoir sa stabilité à d'autres forces que celles qui sont en jeu dans les masses de maçonnerie et de terres, et être à la merci de quelques tiges de métal soumises à des efforts de tension impossibles à contrôler.

I. — *Projet Laulanie.*

Les traits généraux de ce projet sont les suivants :

Première écluse au kilomètre 22,514 en utilisant les fouilles de la Compagnie : relèvement du plan d'eau à la cote 8.

Deuxième écluse au kilomètre 24, avec barrage de la vallée, relevant le plan d'eau à la cote 16.

Troisième écluse et deuxième barrage au kilomètre 36,920, à l'emplacement de la deuxième écluse de la Compagnie: relèvement du plan d'eau à la cote 24.

Quatrième écluse et troisième barrage au kilomètre 43,615, à l'emplacement de la troisième écluse du projet de la Compagnie : relèvement du plan d'eau à la cote 32.

Cinquième écluse au kilomètre 46, relevant le plan d'eau à la cote 40.

Sixième écluse au kilomètre 57 : 8 mètres de chute.

Septième écluse au kilomètre 58 avec barrage de retenue à la coté 32 : descente de 11 mètres.

Huitième écluse au kilomètre 59 : descente de 11 mètres pour arriver à la cote 10.

Neuvième écluse, enfin, au kilomètre 62.

L'alimentation du bief supérieur se ferait par l'Obispo et le Rio Grande. L'auteur reconnaît que pendant quatre mois il y a insuffisance d'eau, et lève cette difficulté par trois moyens : 1° Doublement des sas des écluses limites du bief supérieur, et mise en communication des deux sas de façon à pouvoir profiter d'une demi-éclusée dans le cas de passages simultanés de bateaux montants et descendants ; 2° Barrage de l'Obispo à la cote 65, en face du kilomètre 53, pour créer une réserve de 5 millions de mètres cubes ; 3° Addition de quatre machines élévatoires de 100 chevaux.

Le chemin de fer traverse le Canal sur deux ponts roulants. Les estimations pour les travaux se résument en une dépense de 227 millions devant s'exécuter en deux ans, et l'évaluation du trafic est de 7 millions de tonnes dès l'ouverture.

*
* *

On retrouve dans ce projet un grand nombre des données du projet de la Compagnie ; passages du chemin de fer sur le Canal, au moyen de ponts mobiles ; biefs très courts, tels que le second, le septième et le huitième ; écluses à sas unique ; absence de garages, etc.

L'auteur déclare, en effet, qu'il cherche à utiliser le plus possible les travaux déjà faits ; mais la lecture de son mémoire prouve qu'il croit les travaux, notamment ceux des écluses, plus avancés qu'ils ne le sont en réalité.

Le défaut de détails et de cotes ne permet pas de discuter utilement l'estimation de son devis ; mais, par comparaison, on peut considérer comme certain qu'il est insuffisant, comme argent et comme temps.

Le point le plus nouveau de ce dispositif en est aussi le plus faible : c'est celui de l'alimentation.

Tout d'abord les calculs de l'auteur reposent sur des données elles-mêmes très contestables. Partant de ces données, il arrive à constater une insuffisance notable à laquelle il porte remède par le barrage de l'Obispo. Les doutes affectant les bases du premier calcul s'appliquent également au montant de la réserve d'eau ; l'auteur le sent si bien qu'il n'arrive à ce qu'il considère comme une sécurité suffisante qu'au moyen de machines à vapeur.

La Commission a formulé ailleurs son avis sur la dépense d'eau dans l'alimentation; à ce point de vue, le projet de M. Laulanie requerrait des quantités supérieures à celles qu'il a admises, car il parait avoir oublié que, d'un côté au moins, il a aussi des écluses de 11 mètres.

D'autre part, la Commission a longuement discuté dans plusieurs de ses séances l'alimentation par machines, et elle est arrivée à la conclusion que, hors le cas d'absolue necessité, cette solution devait être écartée.

TROISIÈME GROUPE

Il a été soumis à la Commission quatre projets comportant le transport des navires par voie ferrée dans la partie haute de la traversée de l'Isthme.

J. — Projet de M. Sébillot, ingénieur.

Le dossier de ce projet comprend :

1° Une brochure publiée en 1879 à la suite du Congrès international et intitulée : *Isthme de Panama : chemin de fer interocéanique pour navires. — Projet Sébillot. Plan et devis estimatifs.*

2° Une brochure publiée en 1882, intitulée : *Le canal maritime de Paris.*

3° Une brochure publiée en 1886, intitulée : *Isthme de Panama. La question simplifiée par le transport des navires sur voies ferrées. Le transit des navires assuré avant 1889 avec une dépense de cent millions. Les ressources actuelles de la Compagnie suffisantes.*

4° La copie d'un brevet d'invention, pris le 30 novembre 1887 par M. Sébillot pour un *système d'appareils de transport des navires sur voies ferrées.*

5° Une plaquette représentant en perspective et en coupe un dock roulant avec explications sommaires : *Projet pour l'achèvement de l'entreprise de Panama au moyen d'un chemin de fer à navires avec une dépense de 120 millions* (sans date).

6° Un ensemble de quatorze pièces (mémoire, plan et profil du terrain, dessins de l'ascenseur, de la voie, des appareils de transports, des moteurs, etc.), présentées par la Société anonyme des anciens établissements Cail, le tout remis le 6 décembre à la Commission.

7° Un devis de l'exécution de ce projet de 48 kilomètres de longueur pour la somme de 365 millions.

8° Un dessin d'une variante de tracé.

9° Une brochure intitulée : *Chemin de fer à navires de Panama avec achèvement ultérieur du Canal à niveau. Projet Amédée Sébillot. Le transit établi en trois ans avec une dépense de 250 millions.* Paris 1890.

Plus la correspondance avec M. de Lesseps, le liquidateur, etc.

M. Sébillot, accompagné de M. le général Allavène, de M. Lemoinne, administrateur de la Société des anciens établissements Cail, de M. Choquet, ingénieur, a été entendu par la Commission dans les séances du 30 novembre 1889 et du 28 mars 1890.

L. — Projet de M. Druez, ancien chef de section à la construction des chemins de fer et des voies navigables.

Il est exposé dans un mémoire du 24 octobre 1887, de 12 pages autographiées, et intitulé *Traversée navale de Panàma, chemin de fer pour navires, système Brandmer, par Charles Druez.* Ce mémoire est accompagné d'une feuille de dessins, intitulée *Avant-projet. Dessins d'ensemble. Voie et matériel roulant.* Ce ne peut, en effet, être considéré que comme un avant-projet destiné à être ultérieurement étudié.

M. — Projet de M. Andrews, de l'État de Pennsylvanie.

C'est plutôt une proposition de se charger de l'exécution d'un chemin de fer à navires, qu'un projet. Le dossier se compose de deux lettres adressées à M. Brunet.

N. — Projet de M. Armelin, entrepreneur de travaux publics.

A proprement parler ce n'est pas un projet : l'auteur a simplement fait connaître, dans une lettre du 4 avril 1890 adressée au Liquidateur, que, selon lui, le seul système qui permette le transit des navires en est le transport sur rails dans une forme en tôle. Il donne ensuite les traits principaux de sa conception.

*
* *

La Commission a examiné ces quatre projets : elle s'est crue obligée de les écarter par un motif préalable.

Le contrat de concession du 23 mars 1878, approuvé par décret du Congrès colombien le 17 mai de la même année, accorde, expressément et uniquement, à M. Lucien N. B. Wyse le « privilège exclusif pour l'excavation au travers du territoire colombien et l'exploitation d'un canal maritime entre les océans Atlantique et Pacifique. »

Un chemin de fer pour le transport des navires n'a pas paru à la Commission pouvoir être considéré comme un « chemin de fer auxiliaire du Canal » dans le sens du paragraphe 3 de l'article premier, mais bien plutôt constituer une voie de transport équivalente au Canal lui-même, et ne pouvoir être adoptée et construite par la Compagnie concessionnaire du Canal qu'après assentiment du Gouvernement Colombien.

La Commission tient néanmoins à faire connaître son sentiment sur le système dont M. Sébillot a fourni une étude détaillée. Grâce au dossier très complet qu'elle avait entre les mains, il lui a été facile de se rendre compte des différentes parties du dispositif et des manœuvres : sas mobiles, vidange, amarrage et maintien de l'équilibre du navire, moteurs et presses hydrauliques, établissement de la voie, chariots porteurs, locomoteurs, etc.

Tout en rendant justice au soin avec lequel ce projet

a été étudié, elle estime que, dans l'état actuel de l'art de la construction et de l'industrie des transports par voie ferrée, on ne saurait garantir le bon fonctionnement du système. La stabilité des voies et la répartition de la charge sur les essieux présenteraient des difficultés à peu près insurmontables. Suivant elle, on ne pourrait, sans imprudence, manier et transporter ainsi hors de l'eau de grands bateaux, dont le poids, augmenté de celui des supports, dépasserait souvent 12.000 tonnes et dont la forme est en outre si peu adaptée à ce genre de manipulations.

Il est vrai qu'une première application de l'idée dont il s'agit est en voie d'exécution au Canada entre la baie de Fundy et le golfe de Saint-Laurent. Mais les conditions de cet intéressant essai sont bien éloignées de celles qui sont imposées par le transit de Panama. Le terrain permet d'établir la ligne sans courbes ni rampes, et la charge maxima à transporter est fixée à 1.000 tonnes.

QUATRIÈME GROUPE

Les personnes qui ont cherché la solution des difficultés dans l'emploi d'un tunnel pour franchir la ligne de faîte ont en général donné très peu de développement à leurs propositions.

O. M. de Quartel, d'Utrecht, ancien ingénieur en chef du gouvernement péruvien, a écrit, tant à M. de Lesseps qu'au Liquidateur de la Compagnie, une série de lettres en date des 22 juin, 4 juillet, 2, 14 et

15 août 1889. Deux d'entre elles seulement ont directement trait à l'exécution du Canal de Panama, et contiennent expressément la proposition de construire un tunnel. En s'arrêtant à la dernière, qui modifie beaucoup les énoncés de la première, on y voit que l'auteur préconise : un canal à niveau jusqu'au kilomètre 45, puis un tunnel de 15 kilomètres, puis de nouveau une dernière section à niveau en tranchée. Son tunnel devrait avoir 40 mètres de large, entre parois verticales de 70 mètres de haut surmontées d'une voûte elliptique ; un revêtement de 2 à 4 mètres d'épaisseur serait appliqué aux parois aux endroits où cela serait nécessaire. L'auteur ne s'explique en aucune façon sur les voies et moyens d'exécution, le coût, le temps, etc.

P. Le 2 et le 3 mars 1890 M. Reigner, ancien élève de l'école de Grignon, fait connaître au Liquidateur ses vues qui sont les suivantes : Faire un canal souterrain à niveau sous la Culebra, sur 3 kilomètres environ, à une ou deux voies de 16 à 20 mètres de largeur : hauteur à déterminer. L'auteur regarde comme évident que la navigation à vapeur seule serait appelée à en profiter. Faisant appel aux souvenirs du Mont-Cenis et du Saint-Gothard, il considère la chose comme facile et préparant l'exécution du Canal à découvert ; mais il ne donne non plus aucune idée sur le mode d'exécution, le coût, le temps, etc.

Q. M. Ch. Sudes, de Montpellier, écrit le 6 décembre 1889 au Président de la Commission que, selon lui et un grand nombre de gens compétents connaissant l'Isthme, le seul mode d'achèvement du Canal consiste à creuser un tunnel qui permette aux navires de passer, sous condition de démâter. Deux navires devraient pouvoir s'y rencontrer ; il serait revêtu de maçonnerie, aurait une banquette de circulation et son plan d'eau serait au niveau de la mer. L'auteur ne donne aucune autre cote, et ne traduit ses idées sous aucune forme concrète. Il laisse ce soin à autrui.

R. Un habitant du Gard, M. Vincent, rappelle le 5 avril 1890, au Président de la Commission, un projet dont il a eu et fait connaître l'idée. Très analogue à la précédente, elle consiste à traverser l'Isthme à niveau au moyen d'un tunnel dont « l'opportunité est d'autant moins discutable que la navigation à voiles tend à disparaître. » Tous les navires, voiliers ou vapeurs, devraient démâter. La section qu'il propose n'aurait en effet que quinze mètres de haut avec cuvette maçonnée et banquettes latérales. Comme les précédents il ne donne pas l'indication des procédés d'exécution.

S. M. Bonnardet, propriétaire, énonce également, dans deux lettres des 10 et 26 mars 1890, l'idée d'un tunnel à section ovoïde, de 12 kilomètres de longueur, à niveau, à section unique, et n'admettant que des navires démâtés. Il trouve aussi que les tunnels du Mont-Cenis, du Saint-Gothard, de Terrenoire sont d'utiles points de comparaison. Il se débarrasse du Chagres, auquel il a songé, en en détournant les branches par des souterrains pour les conduire à la mer. Les déblais seraient menés à la mer par des voies Decauville. Ce sont les seules indications qu'il fournisse sur sa manière de comprendre l'exécution du travail.

T. M. l'abbé Dupuy, supérieur du grand séminaire de Montpellier, avait, par une lettre du 2 mars 1889, soumis aussi à M. de Lesseps l'idée de pratiquer un tunnel, dont le déblai se ferait au moyen d'une centaine de puits espacés de 240 mètres. Aidé des documents qu'il possède, il fait quelques calculs et conclut qu'en quinze mois pour 240 millions, y compris le service des intérêts, le tunnel (proprement dit) serait achevé. Mais la section de son tunnel n'a que 17 mètres au plafond et 19 mètres sous clef.

*
* *

Dans tous ces documents, qu'on ne pourrait même pas qualifier d'avant-projets, tant ils sont sommaires, il y aurait à noter de nombreuses erreurs provenant surtout du défaut d'informations ; mais s'attarder à les relever ou à discuter des objections de second ordre serait de peu d'intérêt, parce que c'est le principe même, l'idée mère de toutes ces conceptions que la Commission croit devoir condamner comme irréalisable dans l'espèce.

Elle est d'avis qu'un tunnel satisfaisant aux conditions de l'acte de concession serait un ouvrage dont les dimensions dépasseraient tellement celles des travaux similaires entrepris jusqu'à présent, que nul ne pourrait affirmer qu'il fût exécutable. En admettant qu'il le fût, la dépense en serait excessive, et l'avancement très lent. On dépasserait donc de beaucoup les délais dont on dispose. Enfin, en l'état de nos renseignements géologiques, on aurait à craindre qu'il n'offrît de grandes chances d'insécurité. L'entreprise par conséquent ne saurait être conseillée[1].

PROCÉDÉS ET APPAREILS

Indépendamment de ces communications relatives au ispositif du projet de canal, la Commission en a reçu d'autres dont les auteurs conseillaient l'adoption de certains procédés ou appareils devant faciliter les travaux, supprimer certains obstacles, réduire les dépenses, etc.

Nous allons les passer rapidement en revue.

— En tête se place la proposition de M. Duponchel, ingénieur en chef des ponts et chaussées en retraite. Il a publié en 1889 une brochure intitulée *Percement définitif du Canal de Panama par un torrent artificiel.* Il est venu développer ses idées devant la Commission le 27 novembre 1889. Le procédé préconisé par M. Duponchel est fort connu et peut dans certains cas rendre

1. La Commission vient de recevoir de M. Thomas, ingénieur, une brochure du 21 mars 1890 avec une plaquette complémentaire du 7 mai, le tout relatif à un projet de canal à six écluses, avec tunnel de 1400 mètres, dont le plan d'eau serait à la cote 30 et dont la section aurait 1200 mètres carrés. (*Note ajoutée pendant l'impression.*)

d'importants services. Mais il exigerait tout d'abord, dans l'espèce, la construction de barrages sur certains cours d'eau, à des hauteurs suffisantes pour amener de l'eau à la Culebra à la cote 80, à raison de 5 à 10 mètres cubes par seconde, puis du barrage du Chagres à la cote 40, pour fournir à la cote 30 à la Culebra 30 mètres cubes par seconde.

La Commission est convaincue que, si M. Duponchel s'était rendu sur place, et avait personnellement vu l'orographie des abords du Canal, la nature des matières à attaquer, transporter et répartir, la disposition des lieux de dépôt possible, etc., il aurait lui-même reconnu que l'application de son procédé n'y était pas réalisable.

— M. Chassinat, avocat, recommande l'emploi du procédé Duponchel.

— M. de Soulages, ingénieur, voudrait régulariser tous les cours d'eau du pays par des barrages, et en faire ensuite servir le produit au creusement d'un canal à très grande section, dont il ferait un fleuve à deux versants, sans écluses.

— M. de Villepigue a envoyé une description et des dessins de son appareil à déblai et transport, déjà mentionné avec une certaine faveur par M. Sautereau.

— M. Cousin recommande l'application de la perforatrice mécanique à air comprimé, système Cantin.

— M. Tissier, au nom de la Compagnie internationale du fil hélicoïdal, propose l'adoption de ce système pour l'exploitation des roches dures. M. Tissier a été entendu par la Commission dans sa séance du 1ᵉʳ mars 1890.

— M. Coste, ancien officier de marine, a imaginé un procédé d'exécution des grandes tranchées par galeries souterraines ; son système repose sur une attaque méthodique des roches par les explosifs. Ce procédé peut présenter des avantages dans les roches homogènes de grande et moyenne dureté, mais il ne donnerait très probablement pas les avantages que l'auteur en attend, dans le massif de la Culebra tel qu'on le connaît aujourd'hui.

— M. Revin, ingénieur des arts et manufactures, propose de remédier aux difficultés d'alimentation du ou des biefs supérieurs par la substitution de sas mobiles aux écluses. Mais, au lieu de les faire monter verticalement par des ascenseurs, comme dans le projet de M. Leygues, il les élève sur des plans inclinés d'une hauteur quelconque, avec une pente maxima de 0,20 par mètre, au moyen d'une succession de pistons hydrauliques. Cette solution que l'auteur a étudiée avec beaucoup de détails fait assurément disparaître une partie des inconvénients des ascenseurs verticaux; mais elle exige en plusieurs points des appareils moteurs certainement moins simples et d'un entretien moins facile que ne l'est le mécanisme d'une porte d'écluse. Elle ne mériterait un examen approfondi que si le projet d'exécution qui sera adopté avait à parer à un défaut de ressources pour l'alimentation.

— MM. Castanier, ingénieur-constructeur, et Le Roy de Kéraniou, capitaine au long cours, avaient aussi, dès le 9 décembre 1887, proposé à M. de Lesseps l'emploi des sas mobiles avec ascenseurs hydrauliques verticaux. Leur mémoire descriptif n'était d'ailleurs appuyé d'aucun projet d'exécution.

— M. Delisle voudrait voir appliquer aux travaux du Canal la main-d'œuvre des déportés.

— M. Charles conseille la construction d'une jetée dans la rade de Panama. L'auteur paraît mal connaître le régime de la rade.

— M. Lacour propose d'adapter aux travaux de dragages de l'Isthme des dragues-laveuses de son invention qui retireraient l'or des matières draguées. Son projet repose sur l'hypothèse que les terrains à enlever sont aurifères, et il en conclut qu'avec cinquante dragues à 2.000 mètres cubes par jour on aurait un produit annuel en or de 375 millions.

La Commission n'a pas jugé utile de pousser plus loin cette récapitulation des communications qui lui ont été adressées ou soumises : celles qu'elle laisse de côté sont complètement étrangères à la question technique, ou ne constituent que des recommandations ou offres de services plus ou moins déguisées.

Au dernier moment nous recevons communication de l'épreuve d'une brochure que M. Paponot fait imprimer et dans laquelle il expose une solution de l'achèvement du Canal sans augmentation de la dette actuelle.

Cette solution consiste à utiliser le P. R. R. pour un transport intensif de marchandises après avoir doublé la voie et amélioré les ports de Colon et de Panama, surtout au point de vue des transbordements.

M. Paponot espère qu'en offrant au commerce de grandes facilités pour ces opérations, et appliquant des tarifs très réduits pour les manipulations et le transport, le trafic abandonnerait peu à peu la voie du détroit de Magellan pour prendre la route de Panama.

Les revenus du chemin de fer au delà d'une certaine somme seraient mis de côté et employés à l'achèvement graduel du Canal.

Cette idée mérite d'être étudiée ; elle ne serait toutefois réalisable qu'à la condition d'une prolongation des délais d'exécution.

PARIS. — IMPRIMERIE P. MOUILLOT, 13, QUAI VOLTAIRE. — 43086.

Rapport général, annexes et cartes . . . . 10 fr.

Rapport général seul . . . . 1 fr.

Chacune des annexes . . . . 1 fr.

Cartes et dessins . . . . 2 fr.

www.ingramcontent.com/pod-product-compliance
Lightning Source LLC
Chambersburg PA
CBHW061309050726
47594CB00004B/1613